了不起的中国古代科技与发明

郭守敬

修订授时历

KaDa故事 主编

猫十三 著　陈伟工作室 绘

史晓雷 审校

化学工业出版社

·北京·

图书在版编目（CIP）数据

郭守敬：修订授时历 / KaDa故事主编；猫十三著；陈伟工作室绘.—北京：化学工业出版社，2024.1
（了不起的中国古代科技与发明）
ISBN 978-7-122-44497-4

Ⅰ.①郭…　Ⅱ.①K…②猫…③陈…　Ⅲ.①郭守敬（1231-1316）-生平事迹-少儿读物　Ⅳ.①K826.1-49

中国国家版本馆CIP数据核字（2023）第225744号

责任编辑：刘莉珺　李姿娇　　　装帧设计：史利平
责任校对：宋　夏

出版发行：化学工业出版社
　　　　　（北京市东城区青年湖南街13号　邮政编码100011）
印　　装：北京宝隆世纪印刷有限公司
880mm×1230mm　1/12　印张3$\frac{1}{2}$　字数50千字
2025年1月北京第1版第1次印刷

购书咨询：010-64518888　　　　售后服务：010-64518899
网　　址：http://www.cip.com.cn
凡购买本书，如有缺损质量问题，本社销售中心负责调换。

定　　价：39.80元　　　　　　　版权所有　违者必究

在没有电子日历的几百年前，人们是怎么知道哪一天是什么日子的呢？这可难不倒聪明的古代人，我国元朝时就有一部历法——《授时历》，帮助人们解决这个问题。那么，你知道是谁创制了《授时历》吗？

中国古代的历法

在古代，经常需要修订历法，因为历法施行较长时间后，就会出现误差，所以每隔几百年都会重新修订。到了元朝，为了观测天文数据，从而制定更准确的历法，朝廷在全国27个地方组织了大规模的天文测量活动，并在每个测量地都修建了观星台。这次活动被称为"四海测验"，通过测验获得的天文数据和测量结果，郭守敬等人测定出一年共有365日24刻25分，并利用这些数据，编成了更加准确的新的历法——《授时历》。

目前保留下来的观星台位于河南省登封市东南的告成镇，由天文学家郭守敬于1276—1280年间建造，是27处观星台中唯一留存至今的一处。

《授时历》

中国古代著名的历法，帮助人们计算日期，指导农业、祭祀等活动。这部历法由郭守敬、王恂和许衡等人创制，得到元世祖忽必烈赐名，施行于1281年。这部历法确定了一年有365.2425天，一个月有29.530593天，精确度已与现代公历相当接近，比西方早采用了300多年。

《授时历》的创制者之一

郭守敬（1231—1316年），是元朝著名的天文学家、数学家、水利工程学家。他亲自跑了全国27个县，设立观星台，只为了重新修订不合时宜的历法。他与王恂等人创制的《授时历》，既校准了人们身边计时用的表，也校准了人们心中节气更替的表。

阴历

古人经观察，发现了月亮圆缺变化的规律，即每隔29.5天，月亮的圆缺就会重复一次。于是，人们把29天或30天定为一个月，12个月为一年，这就是阴历。

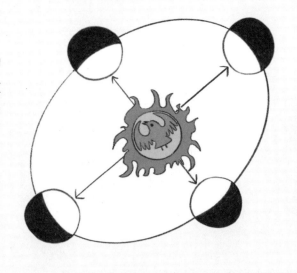

阳历

古人用圭表测量日影，日影长度最长的一天是冬至。从这一个冬至到下一个冬至，就是一年的长度，也就是地球绕太阳公转一圈的时间，这就是阳历。

阴阳合历

由于阴历无法对应四季变化，人们便将阴历与阳历对应使用，叫作阴阳合历，也就是农历。农历既包含二十四节气，又有利于四季划分，还包含月相，所有的传统节日也是根据农历制定的。农历是很了不起的创新。

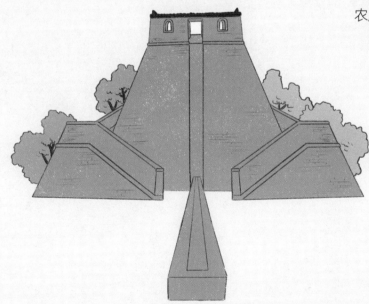

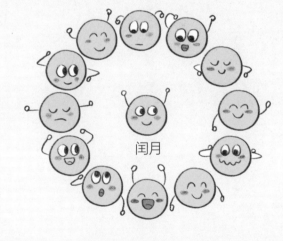

闰月

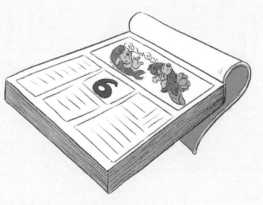

闰月

按一年12个月计算，一年共有354天，而一个阳历年却有约365天。人们为了将阴历和阳历对应，便在阴历的基础上设置了闰月，也就是每隔几年就安排一个包含13个月的年份，多出来的这个月被称为闰月。

"生了！恭喜大汗，是个公主！"

恭喜大汗，贺喜大汗

忽必烈小心翼翼地接过裹着锦被的小婴儿，脸上笑开了花。

好可爱啊

"小公主，宝贝小公主哟，给你取个什么名儿呢？"

得好好想想

月食：地球运行到月球和太阳的中间并且三者成一直线时，太阳光正好被地球挡住，不能射到月球表面，便形成月食。

月……月亮呢？

天狗啊，快把月亮吐出来吧！

唉，这日晷，到晚上就不能用了，也不知道还要多久天狗才能把月亮吐出来。

他抬起头，看到夜空中有一弯牙一样的新月，好像小公主弯弯的眉毛。

"今日是初一，夜空晴朗，新月如此清晰，嗯，小名就叫初月吧。"

忽必烈抱着小公主，一边哼着小曲儿一边在院子里转圈圈，嘴里还不停地念叨着："小初月，小初月，初一的新月，初一的……"

观星台的大体模样

观星台从整体来看，大致由两部分组成：一部分是高耸的台身，由左右两条回旋的踏道包围，正中间还有一条直通上下的凹槽；另一部分是平铺在北面的石圭，从台身北面的凹槽延伸出去。

观星台结构

日食：月球运行到太阳和地球中间，当三者正好处在一条直线上时，月球就会挡住太阳射向地球的光，月球的黑影正好落到地球上，这种现象就叫日食。

"天狗吃月亮"：在古代中国，人们因为不了解月食的形成原理，所以当月食发生时，人们便开始恐慌，认为是有一条天狗把月亮给吃掉了。

台身

观星台结构

整座台身上窄下宽，形状很像是一个倒扣下来的漏斗。台身高度约 9.46 米，台顶有两间小室。如果算上小室的话，整座观星台高大概有 12.62 米。

春节的由来：在黄河中下游地区，傍晚时分，北斗星的勺柄指向东时，预示春天的到来。人们把春天和新年联系起来，新年的第一天就叫春节。

唔，好香！

新好

然而，话说一半，忽必烈的声音却渐渐变小了，脸上的喜悦也像秋水慢慢凝成了冰。

好像哪儿有不对

宫女见忽必烈突然变脸，吓得立刻跪在地上，颤声道："这、我、我不知……"

瑟瑟发抖……

没多久，郭守敬便到了。他看着怒气冲冲的忽必烈，心中纳闷，刚要问发生了什么，忽必烈却抢先道："郭爱卿，今日初一，为何天上会有新月？"

你说！

"等等，"他忽然回过头，望着身边还满脸堆笑的宫女，"今日初一，本应该看不见月亮的，这天上哪儿来的新月？"

怎么回事？

"哼！"忽必烈猛地一跺脚，"去把刘……把郭守敬叫过来，问问这到底是怎么回事！"

哼！

郭守敬看看忽必烈怀中的女婴，又看看旁边抖成一团的宫女，壮着胆子道："启禀大汗，今日……不是初一！"

日子不对！

台顶

观星台的台顶呈方形，每条边长约8米。明朝的时候在北侧建了两个对称的小室，用来放置天文仪器。台顶的边沿上还有矮墙，高约1.05米。人站在观星台上，可以手扶矮墙遥望夜空，好不惬意！

灯谜：贴在灯上的谜语。元宵节的晚上把谜语贴在花灯上，供人猜测。

看你这么乖，那就送你一串吧！

谢谢伯伯！

不对，狗头上哪有甬啊？

我猜是狗！

"哦？郭爱卿，你的意思是说，本大汗老眼昏花，看错了历法？"

嗯？

他一步步朝郭守敬走去，所过之处，宫女们无不吓得想找个地缝钻进去。

快躲起来

"臣不是那个意思！"郭守敬心里咯噔一下，他咽了口口水，拱着手，脑袋埋得低低的。

咯噔

台顶

元宵节：又称上元节或灯节，时间为每年的农历正月十五，也是一年中第一个月圆之夜。人们会在这一天举行各种娱乐活动，表示庆祝。

"咱们现在沿用的，是前朝的历法，无论是时间还是空间，都已经不准确了。经臣计算，今日……应该是初三……"

今日初三

"初三？"忽必烈停住脚步。

你说什么？

他背对着月光，没有人能看清他脸上的表情，只觉得他心头有一团怒火，在熊熊燃烧。

呼啦啦

観星台結構

踏道

要想爬上观星台的台顶，阶梯是必不可少的，这阶梯就叫"踏道"。观星台有两条踏道，入口位于北壁下方，左右对称盘旋到台顶上。

龙王爷爷保佑今年风调雨顺！

这面味道不错！

二月二，龙抬头，来碗龙须面，明年考状元。

龙抬头： 每年农历二月初二，"龙角星"从东方地平线上缓缓升起，故称"龙抬头"。"龙抬头"时，人们会举行祈雨仪式，以求一年吉祥丰收。

踏道

小公主可能感受到忽必烈的怒火，突然大哭起来，在场的人却连口大气儿也不敢出。

哇——

缩成鸵鸟的宫女们万万没有想到，可汗的态度会有这么大的转变，她们面面相觑，以为自己听错了。

发生了什么？

正当宫女们害怕忽必烈一气之下摔了小公主之时，忽必烈却忽然叹了口气。

糟了

"刘秉忠刘大人临终时就曾跟本大汗说过，说咱们现在用的历法，已不适应本朝之时。只可惜，当时本大汗没有听……"

以为他吓唬我

"唉，历法已经不准了，本大汗其实是早就知道的呀……"

早就知道

忽必烈悄悄揉了揉眼睛道："可是如今，刘大人已经不在了，有本事修订历法的人，他不在了啊……"

不在了啊……

11

观星台结构

高表

目前学界对这个高表还没有特别准确的定论。有一种说法认为，观星台北壁正中间的凹槽内有一条直壁，是高表的遗迹。凹槽上窄下宽，东西两壁是对称的。

寒食节： 时间在清明节前一两天，习俗为禁烟火，只吃冷食。

寒食节的来历：晋文公重耳为了让功臣介子推出山，下令放火烧山，介子推最终被烧死在了山里。晋文公十分后悔，下令在介子推死的这一天，家家不允许生火，只能吃冷食，以表哀思。

高表

好后悔啊……

郭守敬张了张嘴巴，还没等他说话，就看忽必烈又兴奋起来。

呃……

"哎哎哎！郭爱卿！"笑意重新爬上了他的脸。

就说你呢

"你刚刚说，你计算出今天是初三，那不如你修个新历出来？"

要不你来？

"臣……"

这……

"就这么说定了！"忽必烈捋着胡子，"嗯，再设立一个太史院好了，专门修订历法，然后叫几个人去帮忙。"

再设个部门

在场的人不由得你看看我、我看看你，对忽必烈这一出出变脸似的行为，不明所以。

唱的哪一出

13

石圭

从观星台北壁的凹槽内向北延伸出去，有一条"石尺"，叫作"石圭"。这条石圭也叫"量天尺"，长度约31米，宽度约0.53米，高度约0.56~0.62米，由36块圭石拼成。石圭的南北两端高度不一样，北端比南端稍微高一点。

好球！

传给我！传给我！

一会儿你上场，可得给我长脸呐！

香喷喷、热乎乎的包子咬！

老板，给我来十个！

咬它！

郭守敬领了旨意，来到了司天台，身后还跟着一个叫王恂的人。

俺也来了

王恂早年曾与郭守敬一同学习天文。他得知郭守敬被忽必烈钦点修新历，就自告奋勇来帮忙。

早就认识

要修新历，就得重新测量天体的位置，而要测量天体的位置，就得用天文仪器。

欲揽瓷器活得有金刚钻

14

石圭

清明节： 又叫踏青节，时间约在仲春与暮春之交。它既是一个自然节气点，也是传统节日。

郭守敬和王恂站在观天的台子上，看着光秃秃的四周，仿佛听到了萧瑟秋风把头发吹秃的声音。

这哪有什么仪器的影子啊？！

王恂不禁苦笑着说道："大汗要我们观天象，修历法，可是要丈量天空，却连把尺子都不给，这让咱们怎么量啊？"

15

横梁

在观星台台顶的两个小室之间，有一根用于观测日影的横梁，横梁到石圭之间的垂直距离大约为9.76米，这大概也就是高表的高度。

原本是一句玩笑话，身旁来帮忙的小官却以为王恂是认真的，连忙接道："尺子吗？有，有的！"

哈都有！

"前朝宋廷呀，留下了不少好东西，大汗都让给搬来啦。我这就给二位送过来。"

好东西呢

小官转身走了，没多一会儿，就听见台子下面传来一阵车轮咿咿呀呀的声音。

咿咿呀呀

郭守敬和王恂跑下去一看，只见眼前大大小小十余件天文仪器，全都歪歪扭扭地堆在地上。

可怜巴巴

有的不知是因为年久失修，还是运过来的时候不小心磕到了，零部件在上面摇摇欲坠，风一吹居然吧嗒一声，掉了个零件。

吧嗒

这也忒寒碜了！王恂一巴掌拍在脑门上，简直不忍心再看这些东西一眼。

不忍直视

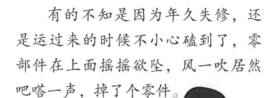

端午节：又叫端阳节、重午节等，源于人们对自然天象的崇拜，由上古时期对龙神的祭祀演变而来。

横梁

17

怎样保证测量数据的准确性（1）

观星台在外面受着风吹、雨淋和日晒，时间久了，有的地方难免会出现松动，测量的数据可能就会因此出现错误。这时候，可以从横梁上垂下一个小球，一直垂到直壁与石圭之间的间隙里，通过这个小球，就可以看清横梁与石圭之间的高度差，以及二者是否垂直。

七夕节：也叫乞巧节，传说这天是织女的生日。因为织女在七仙女中排名第七，所以这天也叫"七姐诞"。拜祭织女的活动在农历七月七日晚上举行，而"夕"代表傍晚，所以这天也叫"七夕"。

悬球

来，我们比赛穿针。

姐姐，你穿得真快！

哎哟，扎手了！

织女呀织女，求你赐我一双巧手吧！

郭守敬走进仪器堆里，叮叮当当一通翻找后，又灰头土脸地走了回来。

王恂抱着一丝希望问道："怎么样？"郭守敬摇摇头道："全都是废铜烂铁，一个能用的都没有！"

"唉，这可怎么办哪……陛下那边交不了差，你、我，"王恂哭丧着脸，"还有那边那个家伙，都得吃不了兜着走。"

"不怕，有我呢！"郭守敬却似乎并不在意，还神秘兮兮地眨眨眼，"你在这儿等我。"

他叫上小官，让小官拉着空车火速离开现场，半个时辰之后，又火速拉着车子满载而归。

王恂顿时被眼前的景象惊呆了。只见车子上装满了各种天文仪器，每一台都精妙绝伦，完好无损，简约却不简单。

另外，石圭与地面是否平行也会影响数据的准确性。所以，在石圭的南北两端上面，各有一个小水池，由石圭表面的两条平行水渠接通这两个水池。如果水渠里的水面与地面平行，就说明石圭与地面也是平行的。

中元节：民间称为"七月半"，人们在这一天举行祭祖、放河灯、烧纸钱等习俗活动。

"守敬，你从哪儿搞得这些？"

"这些？"郭守敬自豪地回头看了一眼车子上的仪器，"这些都是我自己亲手做的呀。看，这是简仪，这是高表，这是浑天象……"

"哇，真了不起！早年在紫金山的时候，我就知道你喜欢鼓捣这些玩意儿，没想到还真让你搞出名堂来了！"

石圭与地面保持平行，才能保证测量的准确性。

石圭

王恂竖起大拇指，可是他的脸马上又耷拉下来，有一搭没一搭地叨咕着。

突然难过

"天象这东西，各地观测的情况是不一样的。况且，光在这一个台子上测量的数据根本就不准，设立多个观测点又耗资巨大，大汗估计也不会批准我们出去考察……"

这不行，那也不行

郭守敬却再次神秘兮兮地眨眨眼，嘴角扬起一道意味深长的微笑，说道："不怕，有我呢！"

不怕，有我

数据如何测量（1）——日光投影

观星台需要在晴天利用正午的阳光测量数据。正午时分，阳光从南边照过来，横梁就会在北壁下方的石圭上投下影子，这时候就能得到所需要的数据啦。

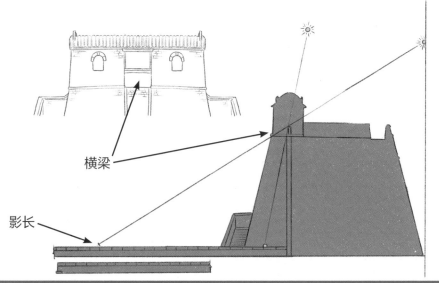

横梁

影长

中秋节：由上古时代秋天晚上祭拜月亮演变而来，时间为每年的农历八月十五。中秋节自古便有祭月、赏月、吃月饼、看花灯、赏桂花、饮桂花酒等习俗。

第二天傍晚，郭守敬带着十几车仪器来到了忽必烈的寝宫。

我来啦

远远地，忽必烈就看到郭守敬大车小车拉了一堆乱七八糟的东西，跟自己以前在宋廷仓库里看到的那些天文仪器有点像。

有点眼熟？

他以为这些东西就是仓库里的那堆仪器，料定郭守敬是来哭穷告状的，便暗暗下定决心，不管郭守敬怎么求自己，都要咬紧牙关不松口——

绝不松口

东西都给你了，办法自己想。想跟我要钱，没门儿！

要钱没有

然而，郭守敬见了忽必烈，半句也没提设立观测点的事，只是将自己做的这些天文仪器，一件一件地介绍着。

这是⋯⋯ 那是⋯⋯

从历史沿革到运作原理，从使用方法到结果运算，他仔仔细细、原原本本、一件不落地讲给忽必烈听。

口若悬河

23

当太阳照在横梁上，横梁的影子投在石圭上时，影子的边界模糊不清，无法测量出准确的数据，这时候就用到了一个十分关键的部件——景符。景符呈方形，中间有一个极小的孔。景符放置在靠近台身北壁一侧的石圭上。

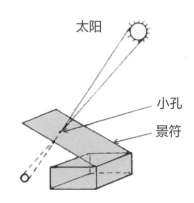

太阳
小孔
景符

忽必烈听得云里雾里，像一条傻乎乎的鱼，渐渐地游进了郭守敬撒下的大网。

晕头转向

两个人一个演示一个看，整整聊了一夜。等到天空泛起了鱼肚白，郭守敬才把底牌给亮了出来。

啪

"没关系呀！去嘛，去嘛。"忽必烈已经完全化身成为郭守敬的崇拜者，哪里还记得开始时的决心，只是疯狂地点着头，"郭爱卿想去多少地方，去就是了，一律准奏！给钱！"

给钱！

听得懂的地方他就跟着点头，听不懂的地方他就露出"哎呀，郭爱卿真是了不得"的赞赏表情。

对对对

"大汗，"他恭恭敬敬地朝忽必烈鞠了一躬，"我们现在虽然有这些仪器可以观天象，可是各地情况各不相同，需要综合计算才能得出正确的结果。只在一处观测，数据肯定是不准确的。"

有理有据

"唐朝时，天文观测台就已经多达13处，而如今……"郭守敬开始吞吞吐吐。

不过……

重阳节：时间为每年的农历九月初九。"九"这个数在《易经》中为阳数，"九九"是两阳数相重，所以这一天也叫作"重阳"。古人在重阳节有登高的习俗。这一天，人们会与亲朋好友相约登山，互道安康。

弟弟在外地做官，今年插茱萸又少了一个人哪……

菊花做酒可以明目。

妈妈，帮我把这朵也戴上。

快来，上面的菊花开得更好。

25

忽必烈正听在兴头上，完全没有意识到自己马上就要掉进郭守敬的圈套，急忙问道："如今什么？"

怎么说？

郭守敬十分恭顺谦逊地回禀："如今，我大元疆域辽阔，观测点理应比唐朝时更多。观测点应设27处最为合适。"

27处

"27处？好说好说，给钱！"

给钱！

景符的用法

当太阳照在横梁上的时候，从景符的下面看，会看到太阳的影子透过景符上的小孔投在石圭上，中间还有一条细细的横梁的影子。这时候再看横梁的影子就比原来清晰得多，得到的数据也更加精确。

老师，我们这是在做什么？

这叫"小孔成像"，一会儿就给你讲。

劳烦娘子把糨糊递给我。

郭守敬接着说："而且，现在我们的高表太小，想要测量更远的星体，必须使用更大的高表。最好的办法，就是把观测台直接建成高表的形状。"

更大的高表

"把观测台建成高表的形状？"忽必烈终于意识到这似乎需要一笔巨款，但前面两个请求都答应了，要是拒绝第三个请求，就太不尽人情了。

话收不回来了

于是，他只好一咬牙，挥挥拳头道："既然郭爱卿觉得应该建，那就建！给钱！"

建！给钱！

除夕：一年的最后一天称为"岁除"，时间为每年农历十二月的最后一天，意为旧岁到此时而除，另换新岁（岁就是年的意思）。

姐姐，我也要放爆竹！

好像是素的。

这锅饺子是什么馅儿的？

肉馅儿的在这儿呢！

27

　　透过景符的小孔为什么会投下一个太阳的影子呢？原来，在一个物体的一边放一个带有小孔的挡板，当光从另一边照射到物体上时，物体就会透过这个小孔投来一个倒立的影像，这个现象就叫小孔成像。因为太阳是球形的，所以即使是倒过来，也并不会影响测量结果。

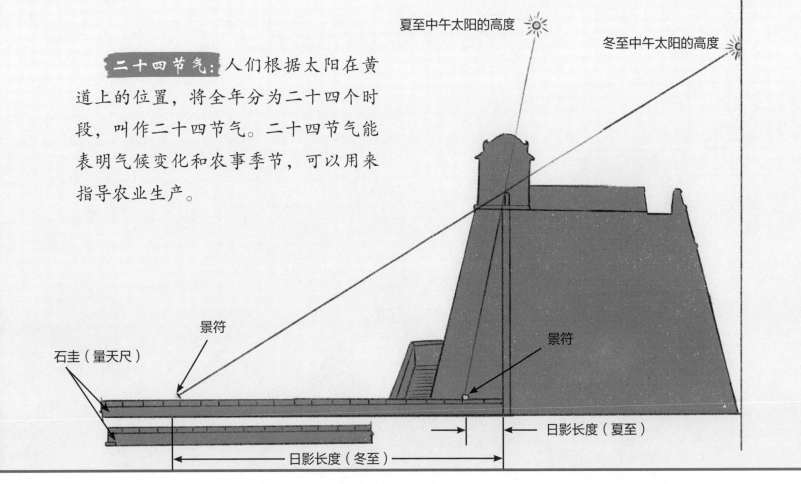

二十四节气：人们根据太阳在黄道上的位置，将全年分为二十四个时段，叫作二十四节气。二十四节气能表明气候变化和农事季节，可以用来指导农业生产。

夏至中午太阳的高度

冬至中午太阳的高度

景符

石圭（量天尺）

景符

日影长度（夏至）

日影长度（冬至）

就这样，郭守敬和王恂两人，一个观测，一个计算。按照规划好的路线，在全国27个县设立了观测点。

齐心协力

他们把每一个观测点都建成了巨型高表的形状，上面放置诸多天文仪器，还取名为"观星台"。

建成啦

观星台的下方有一只长约31米的石圭，用来测量太阳在天空中所处的位置。

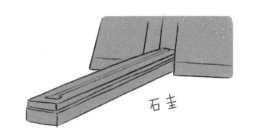

石圭

石圭的形状很像一把尺子，所以人们给它起了一个十分霸气的名字——"量天尺"。

我能量天

观测点的设立，从元朝疆域的最北端到最南端，有数千里之远。因跨度巨大，被称为"四海测验"，所得数据与现代经过科学计算得出的结果相差无几。

超远的

四海测验历经四年，终于完成。郭守敬和王恂将数据汇总计算，也终于将新历修订完毕。忽必烈取《尚书》中"敬授人时"之意，将此历赐名为《授时历》。

天文观测仪器的发展

中国科学院自然科学史研究所原副研究员、科技史博士　史晓雷

郭守敬在天文观测仪器方面的一大创新——简仪

浑仪装置上的环圈太多，相互遮挡，不便观测。鉴于此，郭守敬研制出了简仪。顾名思义，简仪就是把浑仪简化，分为两个独立的赤道装置和水平装置。简仪的发明，是我国天文仪器制造史上的一大飞跃。

　　1609年，伽利略第一次把望远镜投向星空。此后，人类依靠先进的仪器，在天文观测上取得了长足的进步，获得了一系列重要成果。

　　就大型天文观测设备而言，我国既有"中国天眼"（FAST），又有郭守敬望远镜（LAMOST）。"中国天眼"是目前世界上最大单口径、最灵敏的射电望远镜。郭守敬望远镜是我国自主创新设计，在技术上非常有挑战性的一架大型光学望远镜，2009年顺利通过验收，已成为当今世界上口径最大的大视场、大口径以及光谱获取率最高的天文望远镜。

小小发明家实验室

月亮可真神奇啊！它一会儿阴一会儿晴，一会儿圆一会儿缺，真让人难以捉摸。但其实，月亮的变化还是有规律的。今天的实验，我就带大家做一个月相转变器，有了它，月亮的阴晴圆缺不再神秘！

准备材料： 薯片筒（带盖的）、尺子、笔、卡纸、剪刀、螺钉、螺帽、手电筒。

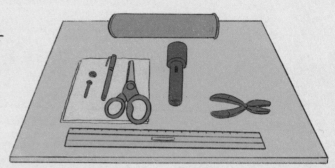

第一步： 用尺子和笔，将薯片筒的底部分成8个相等的格子，每个格子里画一个"月相"。从新月开始，顺时针画新月、蛾眉月、上弦月、盈凸月、满月、亏凸月、下弦月、残月，并在每个月相下标注名称。

第二步： 用剪刀将月亮中的阴影部分小心剪掉。在底部中心戳一个小孔，大小足以让螺钉穿过就可以。（注：新月是看不见的，所以这一格可以不用剪。）

第三步： 在卡纸上剪出一个跟薯片筒底部一样大小的圆纸片，在圆纸片外加一个长5厘米的矩形手柄，用笔和尺把圆纸片画成8个等份。然后用剪刀把手柄相对的格子剪掉。（注意不要剪到中心，不然就不能钉螺钉啦。）

第四步：将螺钉穿过圆纸片中心，然后盖在纸筒底部的月相表上面，再把螺钉穿过纸筒底部中心，用螺帽将螺钉固定住。

第五步：在薯片筒的盖子上裁一个跟手电筒头部一般大小的圆洞，使手电伸进去刚好可以卡在圆洞上，手电筒有按钮的一头朝外。

第六步：在相对黑暗的房间内打开手电筒，影子投向墙壁，转动圆纸片上的手柄，就可以了解月相的变化啦。

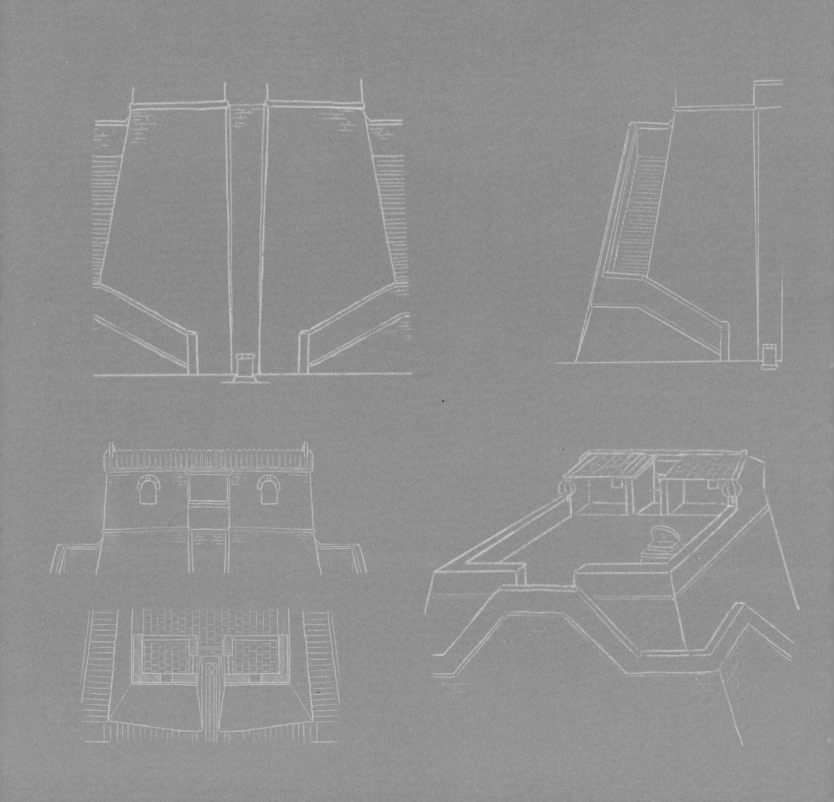